취업·직장인을
위한

바른 손글씨
쓰 기

취업·직장인을 위한 바른 손글씨 쓰기

개정판 인쇄   2019년 5월 10일
개정판 발행   2019년 5월 15일

지은이   시사정보연구원
발행인   권윤삼
발행처   도서출판 산수야

등록번호   제1-1515호
주소   서울시 마포구 월드컵로 165-4
우편번호   03962
전화   02-332-9655
팩스   02-335-0674

ISBN 978-89-8097-455-9   13710

이 도서의 국립중앙도서관 출판시도서목록(CIP)은
서지정보유통지원시스템 홈페이지(http://seoji.nl.go.kr)와
국가자료공동목록시스템(http://www.nl.go.kr/kolisnet)에서 이용하실 수 있습니다.
(CIP제어번호: CIP2019015359)

취업·직장인을 위한 바른 손글씨 쓰기

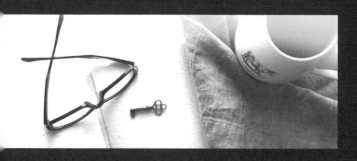

취업과 승진에 자신감을 주는 에세이 쓰기 1주일 완성

- 보조선과 기준선을 활용하여 악필을 바른 글씨체로 교정합니다
- 악필을 명필로 바꾸는 다양하고 체계적인 요소를 담았습니다
- 다양한 글씨체 연습으로 자신감 있는 글씨체를 완성합니다
- 흥미를 높이는 단어와 문장으로 구성되어 있습니다
- 직장과 일상생활에서 자주 사용하는 생활서식이 들어 있습니다
- 마음을 다스리는 글귀로 자신을 표현할 수 있습니다

시사패스
SISAPASS.COM

머리말

1주일에 완성하는 글씨 교정
취업 에세이 쓰기로 당당한 나를 표현하자!

취업을 준비하는 사람이나 직장인의 고민은 다양하다. 취업 준비생일 경우는 취업을 하려는 진정한 의도를 회사에 보여야 하고, 특별히 입사하려는 진실한 열망도 보여야 하며, 자신의 능력과 관심 사항으로 회사에서 필요로 하는 인재임을 확인시켜야 하는 등, 많은 고민이 있다. 또한 직장인이라면 뛰어난 업무 처리뿐만 아니라 원활한 인간관계를 바탕으로 직장에서 소통 능력을 인정받아야 한다.

이러한 관점에서 취업 준비생과 직장인이라면 누구나 갖춰야 하는 것 중 하나가 자기의 생각을 논리정연하게 글로 나타내는 능력이다. 업무에 필요한 문서들이야 컴퓨터로 작성하면 되지만 취업을 위한 자기소개서와 입사시험에 필요한 에세이 등은 시험장에서 직접 작성해야 하는 것이니만큼 철저한 준비와 시선을 끌어당길 정갈한 손글씨와 설득력 있는 기술능력이 요구된다.

취업 문제가 아니어도 누구나 글씨를 예쁘고 바르게 쓰고 싶어 한다. 우리는 일상생활에서 수없이 많은 글씨를 쓰고 있지만 마음에 들지 않는 자신의 필체를 보면 적잖은 실망감을 느낀다.

글씨는 그 사람을 대변하는 향기와 같다. 글씨를 잘 쓰면 심성도 곱고 정갈해 보이며, 지적이고 교양 있어 보이기까지 한다. 반면에 글씨가 형편없는 사람을 보면 왠지 주위가 산만하고 정리되지 않은 것처럼 보이며, 신뢰성이 약해 보여 취업 시 감점으로 작용할 수도 있다.

특히 사랑하는 사람이나 친구들, 혹은 직장동료나 거래처 직원에게도 자신의 글씨는 우리가 생각하는 것 이상으로 많은 것을 전달한다. 글씨체는 어릴 적의 습관에 따라 성장하면서 본인의 고유 필체로 만들어지기 때문에 취업이나 승진을 앞둔 이 시점에서 과거로 되돌아갈 수 없다면 자신만의 좋은 필체를 익혀 둘 필요가 있다. 지금이라도 자신만의 글씨체를 표현하기 위해서는 좋은 습관(바른 획수와 순서)을 갖는 것이 중요하다. 아름답고 실용적인 글씨는 자음과 모음의 구성으로 이루어진 한글을 정해진 순서에 따라 정확하게 써야 조화를 이루며 아름답게 표현된다.

이 책은 취업과 승진에 자신감을 주는 에세이 쓰기와 글씨 쓰기에 적합하도록 바른 순서에 따라 한글의 쓸 수 있도록 구성하였고, 무엇보다 자신만의 글씨체로 굳어진 바탕 위

에서 최대한 노력하여 예쁘고 바른 글씨체로 교정하는 데 초점을 맞추고 있다. 이를 위해 기준선과 예비선을 표기하여 바른 글씨를 쓰는 데 도움을 되도록 편집하였다. 또한 다양한 서체들을 연습할 수 있도록 구성하였다. 이를 바탕으로 자신의 글자체와 가장 유사하면서 예쁘다고 생각하는 것을 선택하여 꾸준히 연습한다면 어느 순간 남들이 부러워하는 자신만의 필체를 가질 수 있게 될 것이다.

시작이 반이라는 말이 있듯이 매일 30분 정도만 꾸준하게 연습한다면 확연히 변하는 자신만의 좋은 필체를 익힐 수 있다. 글씨를 잘 쓰는 것은 꾸준한 노력과 마음가짐으로 얻을 수 있다. 글씨를 잘 쓰는 자신을 상상하면서 좋은 글씨체를 갖는 그날까지 최선을 다하길 바란다.

차례

취업과 승진에 자신감을 주는 에세이 쓰기와 글씨 쓰기

• 취업을 위한 에세이 쓰기

에세이는 "자신의 이야기와 경험을 바탕으로 얼마만큼 가치 있게 제3자에게 전달할 수 있는가" 하는 문장 실력을 나타내는 것이다. 따라서 에세이 쓰기는 벼락치기로 원하는 만큼의 점수를 얻을 수 없다.

• 어떻게 해야 에세이 쓰는 법이 쉬워질까?

에세이 잘 쓰는 방법은 먼저 글을 쓰기 전 브레인스토밍을 통해 떠오르는 생각들을 적고, 둘째로 쓸 내용을 정하고 순서를 정리하는 것이 좋다. 셋째, 평소 유용한 표현, 관용어 등을 익혀두고 글을 쓴 후 다른 사람에게 보여줘 여러 번 교정을 보는 것이 좋다. 그다음 예를 들어 구체적으로 글을 적고 난 뒤 읽는 사람의 관심을 끌 수 있는 서론과 결론을 쓰도록 하는데 이때 재밌고 독특한 표현을 쓰거나 에피소드를 등장시켜 여운을 남기는 것도 좋다.

• 독서를 많이 하는 것이 좋다!

일반적으로 글을 잘 쓰는 사람들을 보면 평소에 독서 습관을 가지고 있는 경우가 많은 데 좋은 글이 나오기 위해서는 책을 많이 읽는 것이 좋다. 독서를 많이 하면 표현이 풍부해지고 글도 확실해지며 글을 쓰는 방법을 자연스럽게 배우기 때문에 조금만 시간을 투자하면 보다 좋은 에세이를 쓸 수 있다.

영어 에세이를 제출할 경우 아무리 영어를 잘한다고 해도 독서를 하지 않으면 글을 어떻게 써야 하는지 그 방법을 모르기 때문에 평소에 시간을 투자하여 독서하는 습관을 들이는 것이 좋다.

• 한 가지에 집중하고 정말 중요한 주제에 집중하라!

글을 쓸 때 이것저것 잡다하게 쓰기보다는 한 주제에 집중하여 쓰는 것이 좋다. 인물에 관한 것이면 가장 영향력을 미친 사람, 어떤 사건이나 활동에 관한 것이라면 그 한 가지에 집중해야 한다. 그렇지 않으면 내용이 분산되어 정확한 메시지 전달이 어렵다.

또한 입사를 관리하는 기업 인사부에서는 다른 지원서류에는 나타나지 않은 취업생의 내면을 에세이를 통해 자세히 알기를 원하므로 자신의 장점을 드러내는 것을 두려워하지 말고 있는 그대로 자신의 모든 것을 보여주는 것이 좋다.

• 뚜렷한 주제를 정하라!

주제 문장은 아무리 긴 문장이라도 글쓴이가 주장하고자 하는 바를 한두 문장으로 축약할 수 있어야 한다. 인사 담당자가 글을 읽고 나서 글쓴이가 하고자 하는 말이 단순명료하게 이해되지 않으면 일단 감점 요인이 된다. 따라서 자신이 전하고자 하는 주제가 무엇인지 뚜렷하게 나타나도록 에세이를 쓰는 것이 중요하다.

아무리 스펙이나 실력이 출중하다고 해도 시험장에서 당일 쓴 에세이가 취업생의 실력을 가늠하는 잣대가 된다. 정해진 시간 내에 자신이 하고자 하는 이야기를 잘 표현하는 기술이 중요하다는 말이다.

따라서 에세이의 종류와 용도를 이해하고 정확한 단어와 간결한 문법을 미리 익혀두어야 한다. 글을 쓸 때는 반복되는 단어를 피하고 접속어나 연결어 사용을 보다 정확히 하는 것이 좋다. 무엇보다 에세이를 잘 쓰기 위해서는 많이 써 보며, 특히 독서를 통해 다양한 표현방법을 익히는 것이 좋다.

이 책에서는 대기업 중에서 새롭게 바뀐 삼성 에세이, 삼성그룹 자기소개서 항목을 중심으로 살펴보고 국내 기업들이 필요로 하는 인재상을 중심으로 손글씨와 글쓰기를 학습한다. 아래는 최근 삼성그룹에서 발표한 에세이 문제 사례다.

에세이는 아래 4가지 사항을 포함하여 자유롭게 기술하시기 바랍니다. 주제 1, 2는 사회진출 시 선택 가능한 다양한 직업(업종) 중에서 기업체 취업을 선택하게 된 이유와 여러 기업 중 회사(삼성)을 선택하게 된 계기 등을 바탕으로 적절히 기술하시면 됩니다.

1. 회사(삼성)를 선택한 이유를 기술하시오.

2. 회사(삼성)에서 이루고 싶은 꿈을 기술하시오.

3. 현재 자신의 위치에 오기 위해 수행해 온 노력과 지원한 직무 분야에서 성공을 위한 노력(계획)을 기술하시오.

4. 최근 사회 이슈 중 중요하다고 생각되는 한 가지를 선택하고 이에 대한 견해를 3,000자 이내로 기술하시오.

주목할 점은 글쓴이가 4가지 사항을 포함하여 자유롭게 기술하라는 부분이다. 자유 기술이라는 부분에 초점을 맞추어 자신만의 색깔을 드러낼 수 있는 방법이 무엇인지에 대하여 고민해야 한다. 위에서 제시한 4가지 주제를 순서대로 작성할 수도 있지만, 그렇다고 단순하게 1번 2번 3번 4번 식으로 순서대로 작성하는 것은 좋은 방법이 아니다. 글쓴이의 창의성이 필요하다는 말이다.

최근 일부 기업에서 자유로운 에세이 기술을 도입하는 이유는 요즘 신입사원들의 입사 후 상황과도 관련이 있다. 어렵게 입사를 하고도 1년 이내에 퇴사하는 비율이 갈수록 높아지고 있기 때문에 삼성을 비롯한 주요기업에서 변화된 채용시스템을 도입했다는 점을 자기소개서와 취업 에세이를 쓰기 전에 숙지해야 할 필요가 있다.

따라서 직무와 회사를 선택한 이유에 대해서 취업면접에 참가할 때 질문을 받고 답할 수 있도록 미리 잘 구상해야 한다. 당연히 면접과 일관된 글을 작성하는 것이 중요하다.

그리고 기업들이 이렇게 취업생의 창의성을 요구하는 배경에 대해서도 잘 알아야 한다. 창의적인 혁신을 통해 성장을 유지해 나가야 하는 기업에게 다양성을 채워나갈 직원들의 창의력은 이제 기업 생존의 문제다. 앞으로 시장은 더 세분화되고 고객의 니즈도 다양화될 것이다. 기업에서 창조적인 아이디어를 가진 인재를 필요로 하는 이유도 그 때문이다. 따라서 기업이 시장을 분석하고 고객의 욕구를 파악하는 데 직원들의 창의성과 다양성은 필수적인 요건이 되었다.

삼성을 비롯한 주요 기업에서 이렇게 기업의 성장과 미래의 발전에 대한 고민이 깊은 점도 채용에서 새로운 시도를 하는 이유 중의 하나다. 이미 국내 주요기업들은 국내 시장을 벗어나 글로벌 기업이 되었다. 글로벌 기업으로서 성장조건은 기업 대내외 환경의 다양성을 관리하는 능력이다. 기업이 자신의 구성원에게 다양한 문화적 배경을 지닌 직장동료와 고객을 이해하고 소통할 수 있는 능력을 요구하는 것은 당연한 일이다.

지금까지의 내용을 종합해 보면 삼성을 비롯한 국내 주요 기업이 공채에서 원하고 있는 인재상이 어떤 사람이고 글을 어떤 관점에서 써야 하는지 이해할 수 있었다. 끝으로 자신이 입사하고자 하는 회사의 사업비전과 상품, 서비스 관련 자료들을 미리 정독하고 자신의 생각을 바탕으로 글을 쓴다면 더욱 효과적인 글을 쓸 수 있을 것이다.

에세이 작성시의 유의점

1. 단락 구분 없이 덩어리 글로 쓰면 가독성이 떨어진다. 따라서 주어진 4개의 질문에 각각 답을 쓰면 덩어리로 보이기 때문에 그렇게 좋은 방향은 아니다.

2. 소제목으로만 단락을 구분하고, 각각의 내용을 모두 소개할 수 있도록 배열순서에 연연하지 말고 소재를 분산하여 기술하도록 한다.

3. 직무를 선택한 이유에 대해서 전공이나 학교에서 했던 뻔한 스토리로 연관 지으면 면접관 입장에서 질문하고 싶은 마음이 일어나지 않는다. 왜 해당 직무에 관심을 가지게 되었고, 이러한 직무가 나의 성격 그리고 업무상 장단점을 분석하여 나와 적합하다는 점을 부각시키고, 면접관으로부터 왜 그런가요? 정도의 질문을 받을 수 있어야 한다.

4. 회사를 선택한 이유에 대해서는 나의 직업관과 직장이 나에게 주는 의미에 대한 질문으로 신입사원의 조기퇴사를 막아보겠다는 계산이 깔려 있는 질문이다. 내가 다양한 곳에 관심이 많고 늘 새로운 것을 추구하며 업무와 상관없는 자기계발에 대해 중요하다고 생각한다며 글을 쓴다면 과연 한 직장에 뿌리를 내릴 사람으로 보일 수 있을까? 이런 부분에 대해서 잘 정리해 보는 것이 좋다.

5. 한 가지 사회 이슈를 적을 때 적으면 안 되는 것은 다음과 같다.

   · 정치와 관련된 이슈
   · 종교와 관련된 이슈
   · 회사를 폄하하는 내용과 관련된 이슈

위의 내용은 어떤 일이 있더라도 피하는 게 좋다. 시사상식을 평소에 준비한 사람이라면 어렵지 않게 작성할 수도 있겠지만, 그렇지 못하다면 주제 선정부터 문제가 발생할 소지가 다분하기 때문에 심고숙고하는 자세가 무엇보다 요구된다.

에세이는 스펙이 아니라 스토리의 힘이다

에세이는 '스펙(Specification, Spec)'이 아니라 '스토리(Story)'다. '스펙'은 '스토리'를 만들어 가기 위한 소재일 뿐이다.

좋은 에세이를 쓰기 위한 6가지 특징

1. 쓰고자 하는 글에 대한 아이디어

　내가 무엇에 대해 쓰고자 하는지 머릿속으로 생생한 그림을 그려 본다.

2. 논리적이고 일관성이 있는 글의 구조

　내가 쓰고자 하는 글의 주제에서 벗어나지 않고 글의 내용이 논리적이어야 한다.

3. 글 속에 담긴 내 말투

　내가 쓰는 글이 설명을 하는 글인지 강한 주장을 내세워야 하는 글인지에 대한 나의 느낌이 잘 드러나야 한다.

4. 명확하고 독자가 쉽게 기억할 수 있는 단어의 선택

　자신이 표현하는 것을 명확히 나타낼 수 있는 단어의 선택이 중요하다.

5. 문장이 자연스럽게 이어져야 한다.

　자연스러운 문장은 이해하기도 쉽고 읽는 사람들에게 즐거움을 줄 수 있다.

6. 기본적인 규칙들을 잘 지킨다.

　철자, 문법, 마침표 등의 사용을 적절하고 올바르게 해야 한다.

좋은 에세이 쓰기의 특징을 알고 쓰면 글에 생동감이 느껴진다. 따라서 좋은 에세이의 특징들을 훈련해 보자. 처음에는 익숙하지 않기 때문에 어색하고 시간이 꽤 오래 걸릴 수도 있다. 하지만 꾸준히 훈련하면 부지불식 간에 좋은 에세이를 쓸 수 있게 된다.

Chapter 1
서체의 특징을 익히며
기본 다지기

ㄱ ㄱ ㄱ ㄱ ㄱ
ㄱ ㄱ ㄱ ㄱ ㄱ

기업

ㄴ ㄴ ㄴ ㄴ ㄴ
ㄴ ㄴ ㄴ ㄴ ㄴ

나라

ㄷ ㄷ ㄷ ㄷ ㄷ
ㄷ ㄷ ㄷ ㄷ ㄷ

도구

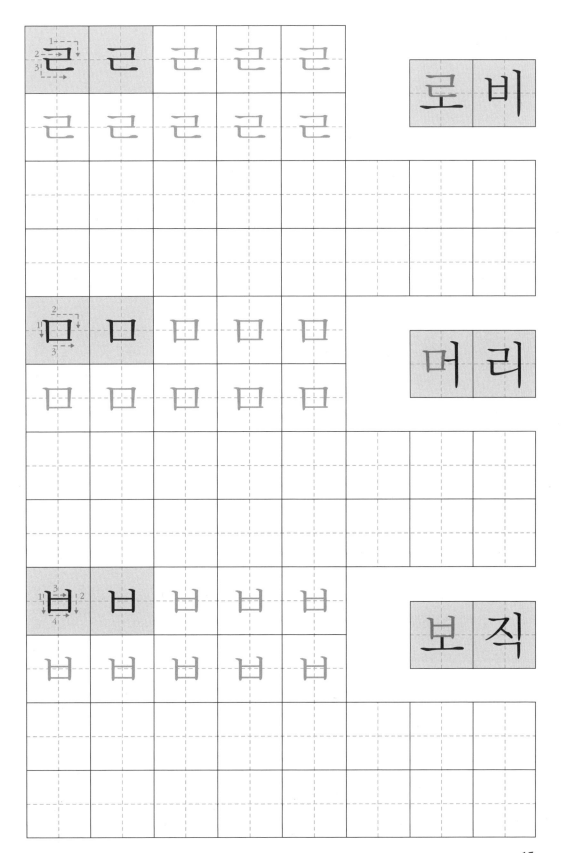

ㄹ ㄹ ㄹ ㄹ ㄹ
ㄹ ㄹ ㄹ ㄹ ㄹ

로비

ㅁ ㅁ ㅁ ㅁ ㅁ
ㅁ ㅁ ㅁ ㅁ ㅁ

머리

ㅂ ㅂ ㅂ ㅂ ㅂ
ㅂ ㅂ ㅂ ㅂ ㅂ

보직

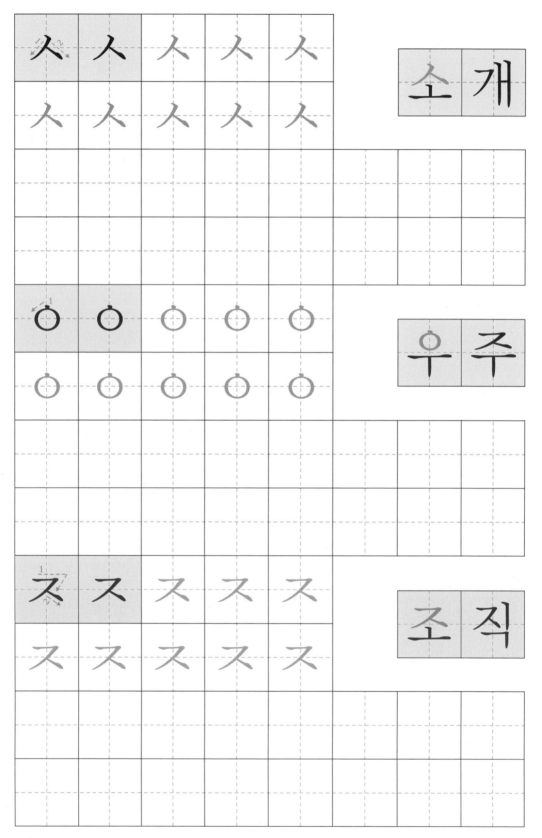

ㅅ ㅅ ㅅ ㅅ ㅅ
ㅅ ㅅ ㅅ ㅅ ㅅ

소 개

ㅇ ㅇ ㅇ ㅇ ㅇ
ㅇ ㅇ ㅇ ㅇ ㅇ

우 주

ㅈ ㅈ ㅈ ㅈ ㅈ
ㅈ ㅈ ㅈ ㅈ ㅈ

조 직

ㅊ ㅊ ㅊ ㅊ ㅊ

ㅊ ㅊ ㅊ ㅊ ㅊ

추 서

ㅋ ㅋ ㅋ ㅋ ㅋ

ㅋ ㅋ ㅋ ㅋ ㅋ

키 움

ㅌ ㅌ ㅌ ㅌ ㅌ

ㅌ ㅌ ㅌ ㅌ ㅌ

토 양

표	표	표	표	표
표	표	표	표	표

포	구

ㅎ	ㅎ	ㅎ	ㅎ	ㅎ
ㅎ	ㅎ	ㅎ	ㅎ	ㅎ

현	금

ㄲ	ㄲ	ㄲ	ㄲ
ㄲ	ㄲ	ㄲ	ㄲ

꾸	지	람

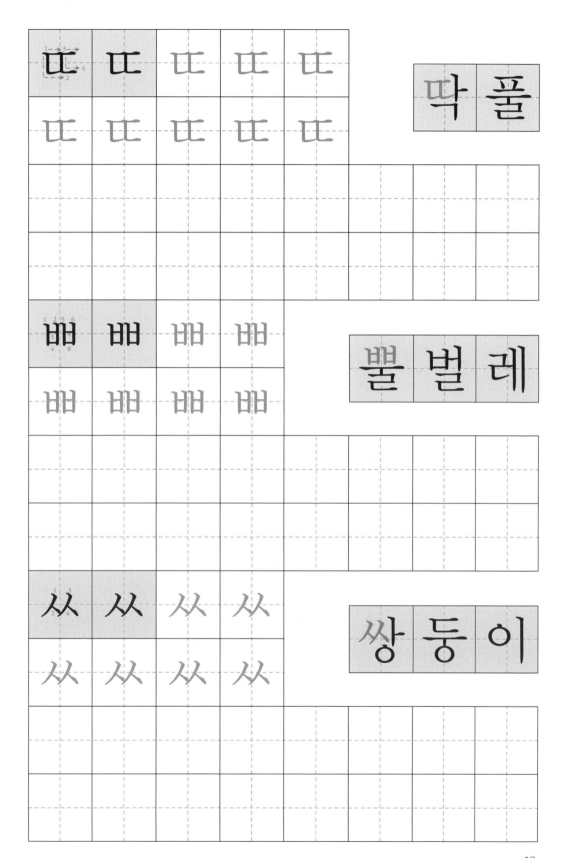

ㄸ ㄸ ㄸ ㄸ ㄸ
ㄸ ㄸ ㄸ ㄸ ㄸ

딱 풀

ㅃ ㅃ ㅃ ㅃ
ㅃ ㅃ ㅃ ㅃ

뿔 벌 레

ㅆ ㅆ ㅆ ㅆ
ㅆ ㅆ ㅆ ㅆ

쌍 둥 이

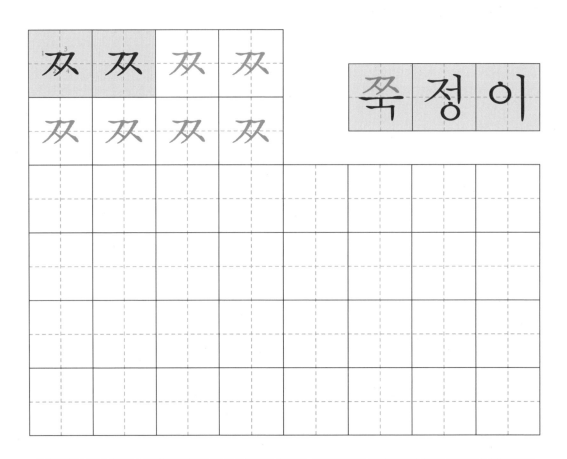

쭉	정	이

에세이를 통해 입사담당관으로부터
긍정적인 평가를 얻어내기 위해서는?

❶ 취업하려는 진정한 의도를 보여준다.

❷ 특별히 이 회사에 입사하려는 진실한 열망을 보여준다.

❸ 나의 관심과 능력을 결부시키고, 회사에서 필요로 하는 것과 제공해야 하는
   것 등을 표현한다.

❹ 분명하고, 논리적이며 창조적으로 생각하는 능력을 어필한다.

❺ 글을 끝까지 읽도록 주의를 끌고, 다른 지원자들과 차별된, 마음을 움직이
   게 하는 사려 깊은 에세이를 추구한다.

ㅏ ㅏ ㅏ ㅏ ㅏ
ㅏ ㅏ ㅏ ㅏ ㅏ

가계

ㅑ ㅑ ㅑ ㅑ ㅑ
ㅑ ㅑ ㅑ ㅑ ㅑ

야구

ㅓ ㅓ ㅓ ㅓ ㅓ
ㅓ ㅓ ㅓ ㅓ ㅓ

거수

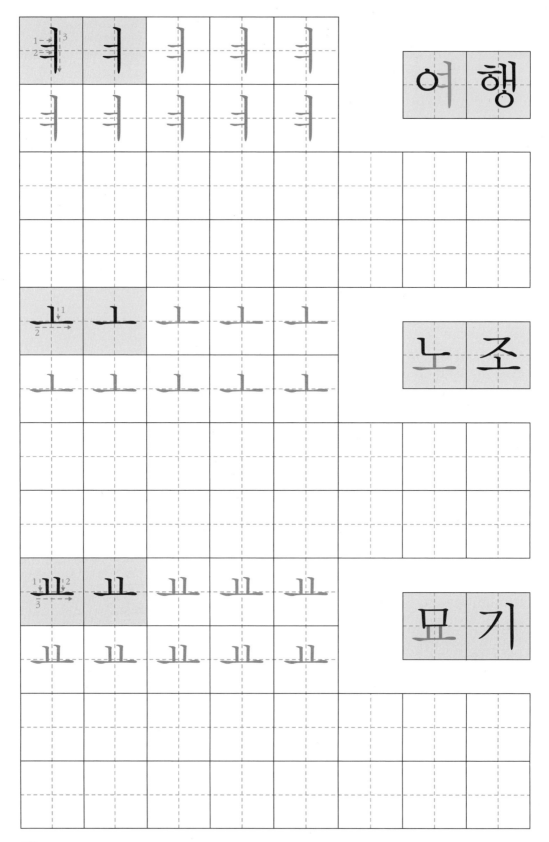

여 행

노 조

묘 기

ㅜ	ㅜ	ㅜ	ㅜ	ㅜ
ㅜ	ㅜ	ㅜ	ㅜ	ㅜ

부 장

ㅠ	ㅠ	ㅠ	ㅠ	ㅠ
ㅠ	ㅠ	ㅠ	ㅠ	ㅠ

규 칙

ㅡ	ㅡ	ㅡ	ㅡ	ㅡ
ㅡ	ㅡ	ㅡ	ㅡ	ㅡ

트 집

ㅣ	ㅣ	ㅣ	ㅣ	ㅣ
ㅣ	ㅣ	ㅣ	ㅣ	ㅣ

팀	장

ㅒ	ㅒ	ㅒ	ㅒ
ㅒ	ㅒ	ㅒ	ㅒ

애	국	가

ㅖ	ㅖ	ㅖ	ㅖ
ㅖ	ㅖ	ㅖ	ㅖ

얘	기	꾼

ㅖ	ㅖ	ㅖ	ㅖ
ㅖ	ㅖ	ㅖ	ㅖ

에	너	지

ㅖ	ㅖ	ㅖ
ㅖ	ㅖ	ㅖ

예	비	선	거

과	과	과
과	과	과

과	장	대	리

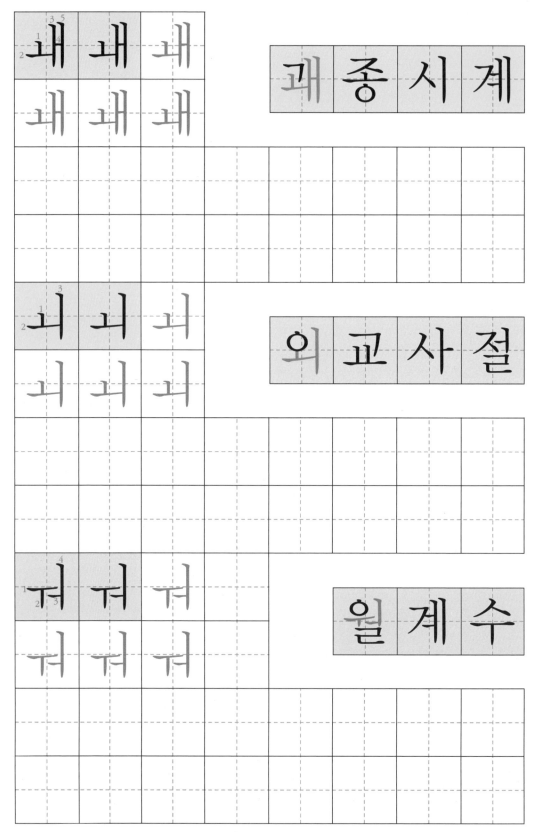

괘 종 시 계

외 교 사 절

월 계 수

궤	궤	궤
궤	궤	궤

궤	도	운	동

귀	귀	귀
귀	귀	귀

위	기	타	도

ㅢ	ㅢ	ㅢ
ㅢ	ㅢ	ㅢ

희	망	편	지

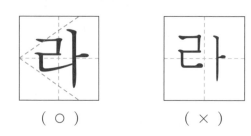

(○)　　(×)

가 나 다 라 마 바 사 아
가 나 다 라 마 바 사 아

자 차 카 타 파 하
자 차 카 타 파 하

ㄱ-기역

ㄴ-니은

ㄷ-디귿

ㄹ-리을

ㅁ-미음

ㅂ-비읍

ㅅ-시옷

가	지	나	라	마	차	사	자
가	지	나	라	마	차	사	자

아	버	지	카	메	라	하	마
아	버	지	카	메	라	하	마

거	너	더	러	머	버	서	어
거	너	더	러	머	버	서	어

저	처	커	터	퍼	허
저	처	커	터	퍼	허

ㅇ-이응

ㅈ-지읒

ㅊ-치읓

ㅋ-키읔

ㅌ-티읕

ㅍ-피읖

ㅎ-히읗

너	비	아	니	가	지	세	계
너	비	아	니	가	지	세	계

어	제	처	서	커	피	허	세
어	제	처	서	커	피	허	세

| 기 | 니 | 디 | 리 | 미 | 비 | 시 | 이 |
| 기 | 니 | 디 | 리 | 미 | 비 | 시 | 이 |

| 지 | 치 | 키 | 티 | 피 | 히 |
| 지 | 치 | 키 | 티 | 피 | 히 |

틀리기 쉬운 우리말

납작하다 (O)
납짝하다 (×)

설거지 (O)
설겆이 (×)

웬일 (O)
왠일 (×)

끼어들기 (O)
끼여들기 (×)

게시판 (O)
계시판 (×)

기	사	미	니	끼	리	비	상
기	사	미	니	끼	리	비	상

시	기	이	리	피	리	치	기
시	기	이	리	피	리	치	기

보 (○)   보 (×)

고	노	도	로	모	보	소	오
고	노	도	로	모	보	소	오

조	초	코	토	포	호	틀리기 쉬운 우리말
조	초	코	토	포	호	낭떠러지 (○) 낭떨어지 (×)
						요컨대 (○) 요컨데 (×)
						아무튼 (○) 아뭏든 (×)
						넉넉지 (○) 넉넉치 (×)

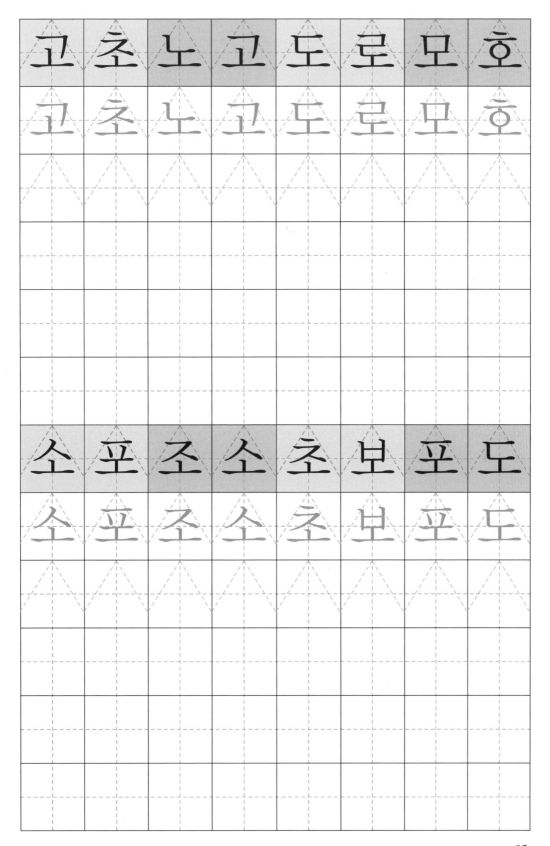

고 초 노 고 도 로 모 호

고 초 노 고 도 로 모 호

소 포 조 소 초 보 포 도

소 포 조 소 초 보 포 도

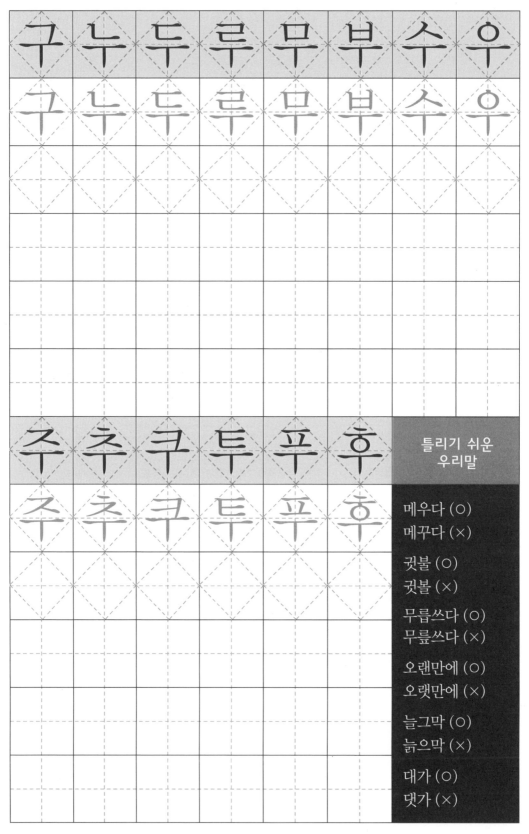

구	누	두	루	무	부	수	우
구	누	두	루	무	부	수	우

주	추	쿠	투	푸	후	틀리기 쉬운 우리말
주	추	쿠	투	푸	후	

틀리기 쉬운
우리말

메우다 (○)
메꾸다 (×)

귓불 (○)
귓볼 (×)

무릅쓰다 (○)
무릎쓰다 (×)

오랜만에 (○)
오랫만에 (×)

늘그막 (○)
늙으막 (×)

대가 (○)
댓가 (×)

36

구	두	누	각	무	우	부	추
구	두	누	각	무	우	부	추
수	두	우	주	투	구	후	추
수	두	우	주	투	구	후	추

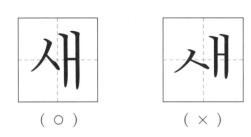

(○)　　　　(×)

개	내	대	래	매	배	새	애
개	내	대	래	매	배	새	애

						틀리기 쉬운 우리말
재	채	캐	태	패	해	
재	채	캐	태	패	해	헷갈리다 (○) 햇갈리다 (×)
						귀띔 (○) 귀뜸 (×)
						베개 (○) 배개 (×)
						낯설다 (○) 낮설다 (×)
						물끄러미 (○) 물끄럼이 (×)

세	계	예	매	폐	지	예	기
세	계	예	매	폐	지	예	기
재	주	채	소	태	산	패	물
재	주	채	소	태	산	패	물

배	제	해	지	개	미	달	래
배	제	해	지	개	미	달	래
매	미	태	풍	베	개	해	소
매	미	채	소	베	개	해	소

Chapter 2
서체의 균형을 살리며
조화 고려하기

	ㄱ	ㄴ	ㄹ	ㅁ	ㅂ	ㅇ
가	각	간	갈	감	갑	강
나	낙	난	날	남	납	낭
더	덕	던	덜	덤	덥	덩
러	럭	런	럴	럼	럽	렁
모	목	몬	물	뭄	몹	뭉
보	복	본	볼	봄	봅	봉
수	숙	순	술	숨	숩	숭
우	욱	운	울	움	웁	웅
지	직	진	질	짐	집	징
치	칙	친	칠	침	칩	칭

	ㄱ	ㄴ	ㄹ	ㅁ	ㅂ	ㅇ
코	콕	콘	콜	콤	콥	콩
토	톡	톤	톨	톰	톱	통
파	팍	판	팔	팜	팝	팡
하	학	한	할	함	합	항
까	깍	깐	깔	깜	깝	깡
따	딱	딴	딸	땀	땁	땅
뽀	뽁	뽄	뽈	뽐	뽑	뽕
쑤	쑥	쑨	쑬	쑴	쑵	쑹
짜	짝	짠	짤	짬	짭	짱
유	육	윤	율	윰	윱	융
여	역	연	열	염	엽	영

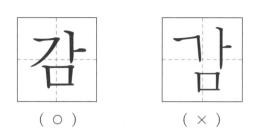

(○)　　　　(×)

입	사	면	접	당	락	결	정
입	사	면	접	당	락	결	정
양	복	출	근	업	무	익	힘
양	복	출	근	업	무	익	힘

균	등	차	등	업	적	지	불
균	등	차	등	업	적	지	불

경	제	둔	감	채	용	증	서
경	제	둔	감	채	용	증	서

부	장	과	장	사	장	회	사
부	장	과	장	사	장	회	사
사	원	대	리	업	적	제	출
사	원	대	리	업	적	제	출

신	입	동	기	약	속	통	일
신	입	동	기	약	속	통	일

인	사	정	책	복	지	노	사
인	사	정	책	복	지	노	사

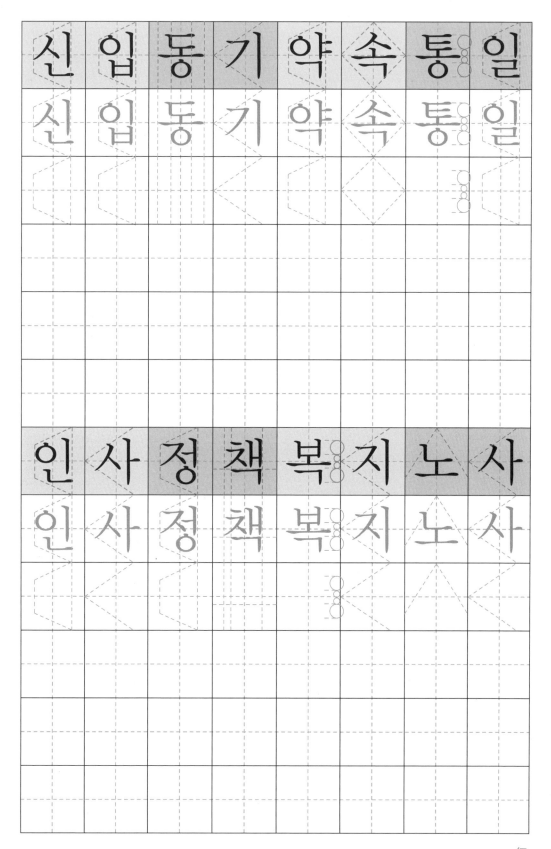

천	연	자	원	수	명	고	갈
천	연	자	원	수	명	고	갈

대	체	인	력	고	용	투	입
대	체	인	력	고	용	투	입

해외수출 대외장벽

해외수출 대외장벽

재직퇴직결근휴가

재직퇴직결근휴가

생	활	습	관	상	식	성	장
생	활	습	관	상	식	성	장
웃	음	인	격	얼	굴	고	상
웃	음	인	격	얼	굴	고	상

예전은 인보답은혜

예전은 인보답은혜

작품발표평가포상

작품발표평가포상

진 실 증 명 고 민 해 결

진 실 증 명 고 민 해 결

차 량 제 공 유 가 안 정

차 량 제 공 유 가 안 정

탐	험	축	복	특	징	종	합
탐	험	축	복	특	징	종	합

평	균	폭	발	필	승	정	서
평	균	폭	발	필	승	정	서

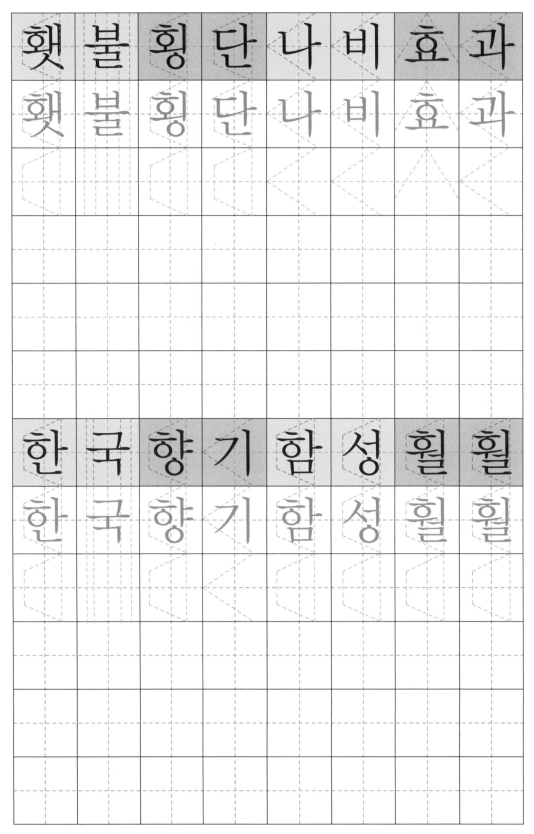

햇불 횟단나비 효과
햇불 횟단나비 효과

한국향기함성횟횟
한국향기함성횟횟

햇	볕	훈	장	효	도	형	제
햇	볕	훈	장	효	도	형	제

부	하	편	의	넓	은	아	량
부	하	편	의	넓	은	아	량

가	공	개	발	공	개	입	찰
가	공	개	발	공	개	입	찰
경	상	금	리	단	위	차	관
경	상	금	리	단	위	차	관

담 당 부 서 담 보 설 정

대 차 대 조 보 험 약 관

부	도	수	표	수	입	면	장
부	도	수	표	수	입	면	장

여	신	금	융	은	행	대	출
여	신	금	융	은	행	대	출

인	사	고	과	연	말	정	산
인	사	고	과	연	말	정	산

원	가	계	산	입	고	품	목
원	가	계	산	입	고	품	목

재	고	조	사	재	무	제	표
재	고	조	사	재	무	제	표
정	기	총	회	재	정	상	태
정	기	총	회	재	정	상	태

주 식 회 사 중 소 기 업
주 식 회 사 중 소 기 업

추 가 경 정 출 고 현 황
추 가 경 정 출 고 현 황

투 자 법 인 특 별 금 융

투 자 법 인 특 별 금 융

판 매 촉 진 평 가 절 상

판 매 촉 진 평 가 절 상

평	가	절	하	품	질	관	리
평	가	절	하	품	질	관	리
한	계	효	용	합	의	조	항
한	계	효	용	합	의	조	항

합	작	투	자	해	당	사	항
합	작	투	자	해	당	사	항
화	의	신	청	회	생	채	권
화	의	신	청	회	생	채	권

Chapter 3

실제 활용을 위해
연습하기

★ 제목

제목은 원고지 첫째 줄을 비우고 두 번째 줄 가운데에 쓴다. 좌우 빈칸이 같도록 하는 게 중요하다. 하지만 홀수로 칸이 남았을 때는 앞보다는 뒤를 한 칸 더 남도록 하는 게 보기에 좋다.

		왜		삼	성	에		지	원	하	는	가							

★ 소속

제목 바로 아래, 그러니까 셋째 줄은 비우고 넷째 줄에 소속을 적는 데 맨 뒤에서 두 칸을 비우고 쓴다.

		왜		삼	성	에		지	원	하	는	가							
					○	○	계	열		○	○	○	○	○	번				

★ 이름

소속 바로 아랫줄에 맨 뒤 두 칸을 비우고 쓴다. 성과 이름은 띄우지 않지만 한 글자
이름이나 성이 두 글자일 경우에는 성과 이름을 띄우고 쓴다.

		왜		삼	성	에		지	원	하	는	가							
					○	○	계	열		○	○	○	○	○	번				
													홍	길	동				

★ 글의 첫 문장

글의 첫 문장은 이름 아래 한 줄을 비우고, 그 다음 줄의 첫 칸도 비운 다음 둘째 칸
부터 쓴다.

		왜		삼	성	에		지	원	하	는	가							
					○	○	계	열		○	○	○	○	○	번				
													홍	길	동				
	창	조	와		혁	신	을		유	지	해		나	가	야		하	는	
기	업	에	게		다	양	성	은		또		다	른			의	미	에	서
생	존	이		걸	린		문	제	이	다	.	시	장	은			갈	수	록

★ 띄어쓰기

띄어쓰기를 할 때에는 한 칸을 비우고 계속 써 나가면 된다. 띄어쓰기 칸이 왼쪽 칸 맨 처음이 될 때에는 띄지 않고 바로 쓰는데 바로 윗줄의 오른쪽 끝의 여백에 띔표 (V)를 하면 된다.

❶ 반점이나 온점을 찍을 때는 바로 그 다음 칸부터 쓴다.

다	음	날	,	나	는		학	교	로		갔	다	.	그	리	고		친
구	를		만	났	다	.												

❷ 물음표나 느낌표 다음에는 한 칸 비우고 쓴다.

꽃	이		참		아	름	답	구	나	!		이		꽃		이	름	이	V
무	엇	일	까	?		철	수	는		궁	금	했	다	.					

❸ 띄어 써야 할 경우라도 문단이 시작되는 경우가 아니면 첫 칸을 비워 두지 않는다. 그럴 때는 띄어야 할 곳(원고지 끝)에 띔표(V)를 한다.

영	희	와		나	는		줄	넘	기	를		하	다	가		집	으	로	V
돌	아	왔	다	.															

❹ 문장의 끝이 원고지 맨 마지막 칸에 올 때는 끝 글자와 온점을 같은 칸에 쓰거나 오른쪽 여백에 써도 된다.

나	는		돌	아	오	는		길	에	서		철	수	를		만	났	다.

나	는		돌	아	오	는		길	에	서		철	수	를		만	났	다	.

❺ 원고지 오른쪽 끝 칸에서 문장이 끝나고 ? ! " " ' '의 문장 부호를 사용해야 할 때는 다음 줄 첫 칸에 쓴다는 것을 꼭 기억한다.

	착	한		철	수	가		어	쩌	다		저	렇	게		되	었	을	까
?		철	수	가		다	른		사	람	을		괴	롭	히	다	니	.	

되었을까?' ➡ 다음의 경우는 작은따옴표가 있기 때문에 첫 칸을 모두 비우고 써야 하고, 큰따옴표도 같으니 꼭 기억한다.

	' 우	리		철	수		어	쩌	다		저	렇	게		되	었	을	까
? '																		

	" 우	리	들	은		언	제		졸	업		여	행	을		갑	니	까
? "																		

＊ 참고

대화 글이 온점으로 끝날 때는 따옴표나 작은따옴표를 온점과 같은 칸 오른쪽 위에 쓴다.

대화 글이 물음표나 느낌표로 끝날 때는 따옴표나 작은따옴표를 다음 칸 위에 쓴다.

★ 줄글 쓰기

줄글은 이름을 쓴 줄의 다음 줄 비우고 일곱째 줄부터 쓰는데 처음 한 칸을 비우고 쓴다. 그리고 문단이 바뀌면 처음 한 칸을 비우고 쓰는 방식을 계속하면 된다.

		왜		삼	성	에		지	원	하	는	가	
				○	○	계	열		○	○	○	○	○	번
										홍	길	동	
	창	조	와		혁	신	을		유	지	해		나	가	야		하	는
기	업	에	게		다	양	성	은		또		다	른		의	미	에	서
생	존	이		걸	린		문	제	이	다	.	시	장	은		갈	수	록
다	양	해	지	고	,	창	조	적	인		아	이	디	어	를		요	구	한

다	.	기	업	으	로	서	는		시	장	을		분	석	하	고	,	고	객
의		욕	구	를		파	악	하	고		신	사	업	을		개	발	하	는
데		구	성	원	들	의		다	양	성	이		필	수	적	인		요	건
이	다	.																	
	글	로	벌	기	업	의		전	제	조	건	에	는		'	다	양	성
관	리	'		(	Di	ve	rs	it	y		Ma	na	ge	me	nt		;	D	M	)	경
영	이		있	다	.	D	M	경	영	은		직	장		내		소	수	이
자		불	평	등	을		받	을		수		있	는		마	이	너	리	티
(	mi	no	ri	ty	)	를		이	해	하	고		배	려	하	는		문	화
를		양	성	시	킴	으	로	써		소	통	과		화	합	의		사	업

★ 문장 부호 쓰기

느낌표(!)나 물음표(?)는 글자와 마찬가지로 한 칸에 쓰고 이어지는 글은 띄어쓰기를 해야 한다. 온점(.)이나 반점(,)은 한 칸에 쓰는데 이어지는 글은 한 칸을 띄지 않고 다음 칸에 바로 글자를 쓴다.

❶ 온점(.)과 반점(,)은 아래와 같이 왼쪽 아래에 쓴다.

❷ 물음표와 느낌표는 한가운데 쓴다.

❸ 따옴표(" ")는 다음과 같이 두 가지 경우로 쓴다.

"	영	수	야	,		우	리		공	부	하	자	.	"				
"	너		재	미	있	게		지	냈	니	?	"						

❹ 말줄임표(……)는 점을 6개 찍되, 한 칸에 3개씩 두 칸에 나눠서 쓰고 반드시 문장이 끝났다는 온점(.)을 다음과 같이 찍는다.

	여	행	을		가	지		않	았	으	면	…	….				

★ 인용문이나 대화문

보통 큰따옴표와 작은따옴표를 쓰는 문장으로 전체를 한 칸 들여 써야 한다. 아무리 짧은 문장이라도 이어 쓰지 않고 꼭 줄을 바꾸어 쓴다는 것을 기억해야 한다.

대화 글이 계속 이어지면 끝날 때까지 앞의 한 칸을 비우고 쓰고, 대화 글이 바탕글과 이어지는 경우에는 첫 칸을 비우지 않고 쓴다.

	"	철	수	야		잘		지	냈	니	?	"							
	"	응	,	영	희		너	도		잘		지	냈	어	?	"		
	"	만	나	서		정	말		반	갑	다	.	"					

	"	언	제		그	런		말	을		한		적	이		있	니	?	"
라	고		영	희	가		말	했	어	요	.								

★ 숫자와 알파벳 쓰기

로마 숫자, 한 자로 된 아라비아 숫자, 알파벳 대문자는 한 칸에 한 글자씩 쓰고, 두 자 이상의 숫자나 알파벳 소문자는 한 칸에 두 자씩 쓴다.

	I	II	III	IV	V	VI	VII	VIII	IX	X								
	3	월		1	일													
	A	P	P	L	E													
	20	20	년		12	월		25	일									
	My		na	me		is		Mi	na									

★ 시, 시조 쓰기

시나 시조를 쓸 때는 앞의 두 칸을 모두 들여 써야 한다.

만약 2연이나 3연의 동시를 쓴다면 연이 바뀔 때마다 한 줄 비우고 그 다음 줄에 쓴다.

		그	대	가		행	복	을		추	구	하	고		있	는		한
		그	대	는		언	제	까	지	나		행	복	해	질		수		없
		다	.													
		가	령		사	랑	하	는		것	을		손	에		넣	더	라	도
		그	대	가		잃	은		것	을		한	탄	하	고	
		목	표	를		향	해		움	직	이	고		있	는		한
		그	대	는		평	안	함	이		무	엇	인	지		알		수
		없	다	.												
		그	대	가		모	든		소	망	을		버	리	고	

		목	표	도		욕	망	도		갖	지		아	니	하	며	
		행	복	에		대	해	서	도		말	하	지		않	게		되	었
		을		때												
		그	때	야		이		세	상	의		거	친		파	도	는	
		그	대	의		마	음	에		미	치	지		않	고	
		그	대	는		비	로	소		휴	식	을		알	게		되	리
		라	.													

서체명 : 윤명조

복	은		청	렴	하	고		검	소	함
복	은		청	렴	하	고		검	소	함

에	서		생	기	고		덕	은		낮	추
에	서		생	기	고		덕	은		낮	추

고		겸	손	함	에	서		생	기	고
고		겸	손	함	에	서		생	기	고

도	는		편	안	하	고		고	요	함	에
도	는		편	안	하	고		고	요	함	에

서		생	기	고		명	예	는		조	화
서		생	기	고		명	예	는		조	화

롭	고		창	달	함	에	서		생	기	며
롭	고		창	달	함	에	서		생	기	며

근심은 욕심이 많은데

근심은 욕심이 많은데

서 생기고 화는 탐욕에

서 생기고 화는 탐욕에

서 생기고 허물은 경솔

서 생기고 허물은 경솔

76

하고 거만한 데서 생기

고 죄는 어질지 못한

데서 생긴다.

눈을 조심하여 남의

그릇된 것을 보지 말고 ∨

입을 조심하여 나쁜 친

구를 따르지 마라. 유익

하지 않은 말은 함부로 ∨

하지 말고 자기와 관계

없	는		말	은		함	부	로		하	지	V
없	는		말	은		함	부	로		하	지	
마	라	.	지	혜		있	는		이	와		
마	라	.	지	혜		있	는		이	와		
어	리	석	은		이	를		분	별	하	되	V
어	리	석	은		이	를		분	별	하	되	

무식한 사람을 용서하라.

무식한 사람을 용서하라.

사물이 순리대로 온

사물이 순리대로 온

것은 거절하지 말고 사

것은 거절하지 말고 사

물이 이미 가버렸거든
물이 이미 가버렸거든

쫓지 말며 자신이 때를 ∨
쫓지 말며 자신이 때를

만나지 못했으면 바라지 ∨
만나지 못했으면 바라지

말고　일이　이미　지나

갔으면　생각하지　마라.

총명한　사람도　어두운 ∨

서체명 : 윤고딕

때	가		많	고		계	산		빠	른	
때	가		많	고		계	산		빠	른	

사	람	도		편	리	함	을		잃	는	
사	람	도		편	리	함	을		잃	는	

수	가		있	다	.						
수	가		있	다	.						

84

고난 속에서도 희망을 ∨
고난 속에서도 희망을

가진 사람은 행복의 주
가진 사람은 행복의 주

인공이 되고, 고난에 굴
인공이 되고, 고난에 굴

복	하	고		희	망	을		품	지		못
복	하	고		희	망	을		품	지		못

하	는		사	람	은		비	극	의		주
하	는		사	람	은		비	극	의		주

인	공	이		된	다	.					
인	공	이		된	다	.					

작은 집에 살아도 잠
작은 집에 살아도 잠

잘 수 있어 좋다고 생
잘 수 있어 좋다고 생

각하는 사람은 행복한
각하는 사람은 행복한

사 람 이 고 , 　 작 아 서 　 아 무 것
사 람 이 고 , 　 작 아 서 　 아 무 것

도 　 할 　 수 　 없 다 고 　 생 각
도 　 할 　 수 　 없 다 고 　 생 각

하 는 　 사 람 은 　 불 행 한 　 사
하 는 　 사 람 은 　 불 행 한 　 사

람이다.
람이다.

　하루를　좋은　날로　만
　하루를　좋은　날로　만

들려는　사람은　행복의
들려는　사람은　행복의

주인공이 되고, '나중에
주인공이 되고, '나중에

', 라고 미루며 시간을
', 라고 미루며 시간을

놓치는 사람은 불행의
놓치는 사람은 불행의

하 수 인 이 된 다 .

하 수 인 이 된 다 .

　 사 랑 에 는　 기 쁨 도　 슬 픔

　 사 랑 에 는　 기 쁨 도　 슬 픔

도　 있 다 는　 것 을　 아 는

도　 있 다 는　 것 을　 아 는

서체명 :: 갯마을

사람은　행복하고, 슬픔의　∨
사람은　행복하고, 슬픔의

순간만을　기억하는　사람
순간만을　기억하는　사람

은　불행하다.
은　불행하다.

웃는 얼굴에는 축복이 ∨

웃는 얼굴에는 축복이

따르고, 화내는 얼굴에는 ∨

따르고, 화내는 얼굴에는

불운이 괴물처럼 따른다.

불운이 괴물처럼 따른다.

93

	미	래	를		위	해		저	축	할	
	미	래	를		위	해		저	축	할	

줄		아	는		사	람	은		행	복	의
줄		아	는		사	람	은		행	복	의

주	주	가		되	고	,	당	장		쓰	기
주	주	가		되	고	,	당	장		쓰	기

에		바	쁜		사	람	은		불	행	의	∨
에		바	쁜		사	람	은		불	행	의	

주	주	가		된	다	.					
주	주	가		된	다	.					

	불	행		다	음	에		행	복	이	
	불	행		다	음	에		행	복	이	

온	다	는		것	을		아	는		사	람
온	다	는		것	을		아	는		사	람

은		행	복	표	를		예	약	한		사
은		행	복	표	를		예	약	한		사

람	이	고	,	불	행	은		끝	이		없
람	이	고	,	불	행	은		끝	이		없

다고　생각하는　사람은

다고　생각하는　사람은

불행의　번호표를　들고

불행의　번호표를　들고

있는　사람이다.

있는　사람이다.

성취명:: 우현중

| 시 | 련 | 을 | | 견 | 디 | 는 | | 사 | 람 | 은 | ∨ |
| 시 | 련 | 을 | | 견 | 디 | 는 | | 사 | 람 | 은 | |

| 행 | 복 | | 합 | 격 | 자 | 가 | | 되 | 지 | 만 | , |
| 행 | 복 | | 합 | 격 | 자 | 가 | | 되 | 지 | 만 | , |

| 포 | 기 | 하 | 는 | | 사 | 람 | 은 | | 불 | 행 | 한 | ∨ |
| 포 | 기 | 하 | 는 | | 사 | 람 | 은 | | 불 | 행 | 한 | |

낙제생이 된다.

낙제생이 된다.

남의 잘됨을 기뻐하는 ∨

남의 잘됨을 기뻐하는

사람은 자신도 잘되는

사람은 자신도 잘되는

서체명 : 우현궁

기쁨을 맛보지만, 배 아
기쁨을 맛보지만, 배 아

파하는 사람은 고통의
파하는 사람은 고통의

맛만 볼 수 있다.
맛만 볼 수 있다.

좋은 취미를 가지면

좋은 취미를 가지면

삶이 즐겁지만, 나쁜 취

삶이 즐겁지만, 나쁜 취

미를 가지면 늘 불행의 ∨

미를 가지면 늘 불행의

서체명 : 윤명조

불씨를 안고 살게 된다.
불씨를 안고 살게 된다.

남에게 손해를 입히면 마침
남에게 손해를 입히면 마침

내 나도 해를 입고, 원세에
내 나도 해를 입고, 원세에

의존하면 화가 서로 따르게
의존하면 화가 서로 따르게

된다.

된다.

용서는 단지 자기에게 상처

용서는 단지 자기에게 상처

를 준 사람을 받아들이는 것

를 준 사람을 받아들이는 것

만이 아니라 미움과 원망의

만이 아니라 미움과 원망의

마음에서 그를 놓아주는 일이
마음에서 그를 놓아주는 일이

다.
다.

두려워할 일이 없는데 두려
두려워할 일이 없는데 두려

워하는 것은 어리석은 일이다.
워하는 것은 어리석은 일이다.

두려워할 이유가 있는데 두
두려워할 이유가 있는데 두

려워하지 않는 것은 더욱 어
려워하지 않는 것은 더욱 어

리석은 일이다.
리석은 일이다.

부모 된 사람의 가장 어리
부모 된 사람의 가장 어리

서체명 : 윤명조

석음은　자식을　자랑거리로　만
석음은　자식을　자랑거리로　만

들고자　함이고, 가장　큰　지혜
들고자　함이고, 가장　큰　지혜

로움은　자신의　삶이　자식들의　∨
로움은　자신의　삶이　자식들의

자랑거리가　되게　하는　것이다.
자랑거리가　되게　하는　것이다.

106

쉬운 일은 어려운 일처럼

쉬운 일은 어려운 일처럼

어려운 일은 쉬운 일처럼 해

어려운 일은 쉬운 일처럼 해

야 한다.

야 한다.

자부심이 나태해지는 것을

자부심이 나태해지는 것을

막고 용기가 사라지는 것을

막고 용기가 사라지는 것을

막아준다.

막아준다.

일을 마무리하지 않고 팽개

일을 마무리하지 않고 팽개

쳐 두는 것을 막기 위해 때

쳐 두는 것을 막기 위해 때

로는 그 일을 끝마친 것처럼 ∨

로는 그 일을 끝마친 것처럼

바라볼 필요가 있다.

바라볼 필요가 있다.

세상에는 노력하고 애쓰면

세상에는 노력하고 애쓰면

불가능한 일도 가능해지고 감

불가능한 일도 가능해지고 감

서체명 : 윤명조

당하기 어려운 일은 두려움을 V
당하기 어려운 일은 두려움을

떨쳐버려야 한다.
떨쳐버려야 한다.

봄 오기 직전이 가장 춥고 V
봄 오기 직전이 가장 춥고

해 뜨기 직전이 가장 어둡다.
해 뜨기 직전이 가장 어둡다.

110

아무리 곤경에 처해도 당황

아무리 곤경에 처해도 당황

하지 마라.

하지 마라.

사방이 다 막혀도 위쪽은

사방이 다 막혀도 위쪽은

언제나 뚫려 있다.

언제나 뚫려 있다.

승진 · 취임 · 영전

祝昇進 축승진	祝榮轉 축영전	祝就任 축취임
祝轉任 축전임	祝移任 축이임	祝遷任 축천임
祝轉役 축전역	祝戰役 축전역	祝赴任 축부임
祝進給 축진급	승진을 축하드립니다.	

개업 · 창립

祝發展 축발전	祝開業 축개업	祝盛業 축성업
祝繁榮 축번영	祝創立 축창립	祝創設 축창설
祝創刊 축창간	祝移轉 축이전	祝開院 축개원
祝開館 축개관	祝開店 축개점	始務式 시무식
祝萬事亨通 축만사형통		

생일

祝生日 축생일	祝生辰 축생신	祝壽筵 축수연
祝壽宴 축수연. 흔히 환갑을 이름		祝華甲 축화갑
祝回甲 축회갑. 61세	祝古稀 축고희. 70세	祝進甲 축진갑

결혼

祝聖婚 축성혼	祝結婚 축결혼	祝華婚 축화혼
祝成典 축성전		

결혼기념일

祝錫婚式 축석혼식. 결혼 10주년	祝銅婚式 축동혼식. 결혼 15주년
祝陶婚式 축도혼식. 결혼 20주년	祝銀婚式 축은혼식. 결혼 25주년
祝眞珠婚式 축진주혼식. 30주년	祝珊瑚婚式 축산호혼식. 35주년
祝紅玉婚式 축홍옥혼식. 45주년	祝金婚式 축금혼식. 결혼 50주년
祝金剛婚式 축금강혼식. 60주년	

죽음 애도

謹弔 근조	追慕 추모	追悼 추도	哀悼 애도
弔意 조의	尉靈 위령	賻儀 부의	慰靈 위령
謹悼 근도	삼가 故人의 冥福을 빕니다		

연말연시 인사말

謹賀新年 근하신년	送舊迎新 송구영신

공사(건축)

祝起工 축기공	祝竣工 축준공	祝完工 축완공
祝竣役 축준역	祝除幕式 축제막식	

이사

祝入宅 축입택	祝入住 축입주	祝家和萬事成 축가화만사성

환자위문

祈快遊 기쾌유	祈完快 기완쾌	祝完快 축완쾌
빠른 快癒를 빕니다		快癒를 기원합니다

수상

祝當選 축당선	祝優勝 축우승	祝入選 축입선

전시나 공연

祝展示會 축전시회	祝公演 축공연	祝展覽會 축전람회
祝演奏會 축연주회	祝發表會 축발표회	祝獨唱會 축독창회
祝協演 축협연	祝獨奏會 축독주회	祝個人展 축개인전
祝品評會 축품평회	祝博覽會 축박람회	

- 질투하는 사람은 재능 있는 사람을 결코 용서하지 않는다. - 코르네유
- 명령을 즉시 따르는 것만큼 왕이 좋아하는 것은 없다 - 몰리에르
- 누구에게나 공통된 유일한 의무는 자기 자신에게 진실해야 한다는 것이다. - 리처드 바크
- 높은 사람 눈에 들고 싶으면 먼저 재능을 숨겨라. - 플로리앙
- 현자는 재빨리 단 한 번 화내야 한다. - 시루스
- 작은 일도 목표를 세워라. 그러면 반드시 성공할 것이다. - 로버트 슐러
- 나에 대해 뭔가 쓰여 있어도 그 내용은 신경 쓰지 않는다. 중요한 것은 어느 정도의 지면이 할애되어 있느냐다. - 앤디 워홀
- 당신이 만나는 모든 사람에게 다정하게 대하라. 모두 다 힘겨운 전투를 하고 있으니.
  - 플라톤

차 용 증

대주	홍길동(650101 – 1234567) 서울시 서초구 서초대로 254 102동 803호 010–9999–0000
차주	차용자(701231 – 1234123) 서울시 서초구 서초1동 1628-5(서리풀길12) 208동 1004호 010–0000–9999

1. 차용자는 홍길동에게 ○○○○만 원을 연리 0%의 이율로 ○○○○년 ○○월 ○○일부터 ○○○○년 ○○월 ○○일까지 빌린 사실이 있습니다.
2. 이자는 원금과 함께 지급할 것으로 약정합니다.
3. ○○○○년 ○○월 ○○일까지 원리금과 이자를 갚지 못할 경우 익일부터 원리금을 합쳐 연리 0%의 이자율을 가산하여 지급함을 약정합니다.

○○○○년 ○○월 ○○일

작성자 홍길동 　(인)

차용자 　(인)

(첨부서류 : 차용자의 인감증명서)

차 용 증

대주	홍길동(650101 – 1234567) 서울시 서초구 서초대로 254 102동 803호 010–9999–0000
차주	차용자(701231 – 1234123) 서울시 서초구 서초1동 1628-5(서리풀길12) 208동 1004호 010–0000–9999

1. 차용자는 홍길동에게 ○○○○만 원을 연리 0%의 이율로 ○○○○년 ○○월 ○○일부터 ○○○○년 ○○월 ○○일까지 빌린 사실이 있습니다.
2. 이자는 원금과 함께 지급할 것으로 약정합니다.
3. ○○○○년 ○○월 ○○일까지 원리금과 이자를 갚지 못할 경우 익일부터 원리금을 합쳐 연리 0%의 이자율을 가산하여 지급함을 약정합니다.

○○○○년 ○○월 ○○일

작성자 홍길동 　(인)

차용자 　(인)

(첨부서류 : 차용자의 인감증명서)

현 금 보 관 증

일금 일천만원정(10,000,000원)

상기 금액을 ○○○○용도로 정히 보관하며

언제든지 보관의뢰자의 요구에 따라

돌려드리겠습니다.

보관자 : 홍길동 (인)

　　　　서울시 서초구 서초대로 254 102동 803호

　　　　주민등록 번호 : 650101 - 1234567

　　　　　　　　　　　　　　　　○○○○년 ○○월 ○○일

　　　　　　　　　　　　　　　　임꺽정 귀하

현 금 보 관 증

일금 일천만원정(10,000,000원)

상기 금액을 ○○○○용도로 정히 보관하며

언제든지 보관의뢰자의 요구에 따라

돌려드리겠습니다.

보관자 : 홍길동 (인)

　　　　서울시 서초구 서초대로 254 102동 803호

　　　　주민등록 번호 : 650101 - 1234567

　　　　　　　　　　　　　　　　○○○○년 ○○월 ○○일

　　　　　　　　　　　　　　　　임꺽정 귀하

이 세상에서 제일 행복한 사람은

단 한 사람에게라도 사랑을 받는 사람이다.

이 세상에서 가장 아름다운 사람은 마음씨가 따뜻한 사람이다.

이 세상에서 가장 부유한 사람은 가슴이 넉넉한 사람이다.

이 세상에서 가장 착한 사람은 먼저 남을 생각하는 사람이다.

이 세상에서 가장 용기 있는 사람은 용서할 줄 아는 사람이다.

이 세상에서 가장 지혜로운 사람은 사랑을 깨달은 사람이다.

이 세상에서 가장 훌륭한 사람은

이 모든 것을 행하는 사람이다.

이 세상에서 가장 행복한 삶은

모든 것을 긍정적으로 살아가는 사람이다.

추위에 떨어본 사람일수록

태양의 따뜻함을 알고,

인생의 괴로움을 겪어온 사람일수록

생명의 존귀함을 안다.

잘못이 부끄러운 것이 아니라

잘못을 고치지 못하는 것이 부끄러운 것이다.

청춘은 인생의 어느 기간을 말하는 것이 아니라

마음의 상태를 말한다.

아름다운 희망, 희열, 용기, 힘에서 나오는

영감을 갖고 있는 한 그대는 젊을 것이다.

즐겁게 자신의 인생을 경영하라.

얼굴에 웃음꽃을 피워라.

웃음꽃에는 천만 불의 가치가 있다.

남이 잘되도록 도와줘라. 남이 잘되어야 내가 잘 된다.

자신을 사랑하라.

행운의 여신은 자신을 사랑하는 사람을 사랑한다.

힘들다고 고민하지 마라. 정상이 가까울수록 힘들기 마련이다.

약속은 꼭 지켜라. 사람이 못 믿는 사람은 하늘도 못 믿는다.

불평하지 마라. 불평은 자기를 파괴하는 폭탄이다.

푸른 꿈을 잃지 마라. 푸른 꿈은 행운의 청사진이다.

가슴에 기쁨을 가득 담아라. 담은 것만이 내 것이 된다.

좋은 아침이 좋은 하루를 만든다. 하루를 멋지게 시작하라.